AF217172

Bitte lächeln!

Wer hätte das gedacht: Lächeln soll
tatsächlich ein bisschen glücklicher machen!
Auch wenn der Effekt nur sehr klein ist,
werden dabei laut Forschung Glücksgefühle
ausgelöst. Doch auch ganz unabhängig
davon lohnt es sich immer:
Lächeln ist ansteckend und kann
anderen den Tag versüßen.

Lächle dich
eine Woche lang
morgens für
30 Sekunden im
Spiegel an.

Lachen ist gesund

Lachen tut dir und deinem Körper gut.
Trotzdem kommt es bei Erwachsenen leider
häufig viel zu kurz. Lachyoga ist eine
Möglichkeit, das zu ändern. Pflücke doch mal
eine imaginäre Blume und tu so, als würdest
du an ihr riechen. Atme dabei tief ein.
Lache, während du wieder ausatmest,
und schüttle deine Arme
währenddessen locker aus.

**WIEDERHOLE DIE ÜBUNG 10- BIS 12-MAL
UND FÜHRE SIE EINE WOCHE LANG JEDEN TAG AUS.**

Zusammen
glücklich

Eine der größten Glücksquellen ist
die Beziehung zu anderen Menschen. Egal um
welche Art von Beziehung es sich dabei handelt –
die zum Partner, zur Familie oder zu Kollegen –,
sie kann zu unserem Glücklichsein beitragen.
Dies gilt selbst bei neuen Bekanntschaften. Bleibe
daher auch diesen gegenüber aufgeschlossen
und initiiere sie aktiv, damit sie dein
Leben bereichern können.

Trete mit einem Menschen in
Kontakt, mit dem du bisher noch nichts
oder nicht viel zu tun hattest.

Kuschelfaktor

Eine liebevolle Umarmung, Kuscheln oder sanftes Streicheln – es gibt nichts, was so gut tut wie Berührungen von Menschen, die du magst. Verantwortlich dafür ist das Glückshormon Oxytocin, das in solchen Momenten ausgeschüttet wird. Es reduziert Stress und macht glücklich. Inzwischen hat das Kuscheln sogar einen eigenen Tag: den Weltknuddeltag am 21. Januar.

ALSO, WORAUF WARTEST DU:
UMARME MENSCHEN, DIE DU LIEBST.

Problemlöser

Immer wieder werden wir im Leben vor Herausforderungen gestellt. Kleine und große Probleme belasten uns, besonders wenn sie länger bestehen oder mehrere Probleme gleichzeitig auf uns einprasseln. Wichtig ist, dass du dich in solchen Phasen nicht den Sorgen ergibst und passiv darauf zu wartest, dass sich alles von alleine regelt. Suche lieber aktiv nach Lösungen und hole dir Hilfe, wenn du sie brauchst.

GEHE EIN PROBLEM AN, das dir seit einer Weile im Kopf herumschwirrt.

An manchen Tagen scheint das Gefühl, alles
würde schiefgehen, schier übermächtig:
Das Wetter ist schlecht und dann musst du
an der Supermarktkasse auch noch lange anstehen.
Versuche in solchen Momenten nicht nur
das Negative zu sehen, sondern dich auch auf
das Schöne zu fokussieren. Notiere die Dinge,
die dich heute glücklich gemacht haben, egal ob sie
groß und aufregend oder klein und still sind.
Du wirst erkennen: Es sind mehr, als du denkst.

FÜHRE EIN GLÜCKSTAGEBUCH.

Danke!

Lass am Abend vor dem Einschlafen
deinen Tag Revue passieren:
Wofür kannst du heute dankbar sein?
Gab es zum Beispiel Menschen, die deinen
Tag auf irgendeine Weise bereichert haben,
schöne Momente, die du erlebt hast,
Dinge, auf die du stolz sein kannst?
Erstelle in Gedanken eine Liste
all dieser Dinge.

FÜHRE DAS KLEINE DANKBARKEITS-RITUAL
EINE WOCHE LANG JEDEN ABEND DURCH.

EIN GRUND ZU FEIERN!

Was willst du in deinem Leben erreichen?
Welche Träume und Ziele hast du?
Über die Zukunft nachzudenken ist wichtig
und richtig, doch du solltest darauf achten,
nicht nur nach vorne zu hetzen. Halte inne und
schau zurück: Was hast du bisher alles schon
geleistet? Was hast du geschafft?
Woran bist du gewachsen?
Welche Probleme hast du gelöst?

AUF DIE PLÄTZE, fertig ...

Sport ist Mord? Nein, Sport ist gut für
die Gesundheit und macht Spaß. Doch nicht nur das:
Wenn du dich regelmäßig bewegst, steigert das dein
Wohlbefinden. Um gegen den inneren Schweinehund
anzukommen, hilft in der Regel die Gewöhnung.
Etabliere zum Beispiel einen festen Sporttag in der
Woche. Denn hat sich erst einmal eine Routine
eingestellt, hat dein Schweinehund
nichts mehr zu melden!

Versuche für mehrere Monate,
feste Sporttage in der Woche
zu etablieren.

Komm in Schwung

Bestimmt kennst du das:
Du siehst eine Schaukel und verspürst
sofort den Drang, dich wie früher
sorglos hin und her zu schwingen.
Gib dem einfach mal nach. Schaukeln
lässt dich nämlich nicht nur frei und
schwerelos fühlen. Es beruhigt auch
und macht tatsächlich glücklich.

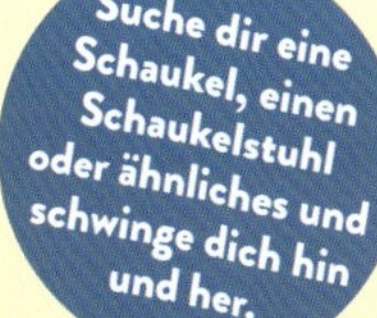

Mal dein Glück!

Zeichnen, schreiben, stricken, singen ...
es gibt unzählige Möglichkeiten, wie du dich
kreativ austoben kannst. Wichtig ist dabei nicht,
wie gut du in etwas bist, sondern, dass es
dir Spaß macht. Kreativsein hilft dir dabei,
Gefühle zu verarbeiten und dich ganz
im Augenblick zu verlieren. So bleibt in
deinem Kopf kein Platz für negative
Gedankenkarusselle!

STARTE ein eigenes kreatives Projekt.

HIER SPIELT
DIE MUSIK

Die ersten Klänge deines Lieblingslieds
ertönen und sofort hebt sich deine Laune.
Du spürst einen wohligen Schauer und möchtest
aus vollem Hals mitsingen. Musik beeinflusst
unsere Emotionen und gerade bei Liedern,
die du liebst, wird eine große Menge des
Glückshormons Dopamin ausgeschüttet.

Wenn du an deine Schulzeit zurückdenkst, dann fällt es dir vielleicht im ersten Moment schwer zu glauben: Lernen macht tatsächlich glücklich! Unser Gehirn liebt es, neue und interessante Informationen zu verarbeiten, wobei ihm das Glückshormon Dopamin hilft. Bleibe daher immer neugierig und beschäftige dich mit Dingen, die dich interessieren.

LERNE EINEN MONAT LANG JEDE WOCHE ETWAS NEUES.

EINE FRAGE
der Zeit

Es kommt nicht selten vor, dass wir uns Dinge vornehmen – Sport, ein neues Hobby, eine andere Ernährungsweise –, die wir dann aber nicht umsetzen. Hier kann ein Trick helfen, um die ersten Einstiegshürden zu nehmen: Lege eine Dauer für dein neues Vorhaben fest. Einen Monat lang regelmäßig zum Chor zu gehen, wirkt leicht zu schaffen. Und wenn die Zeit rum ist? Wer weiß, vielleicht hast du danach ein neues Lieblingshobby.

Setze etwas um, das du schon immer mal machen wolltest. Eine zeitliche Begrenzung hilft dir dabei.

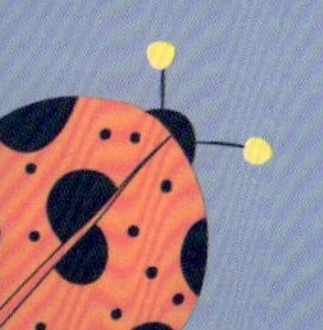

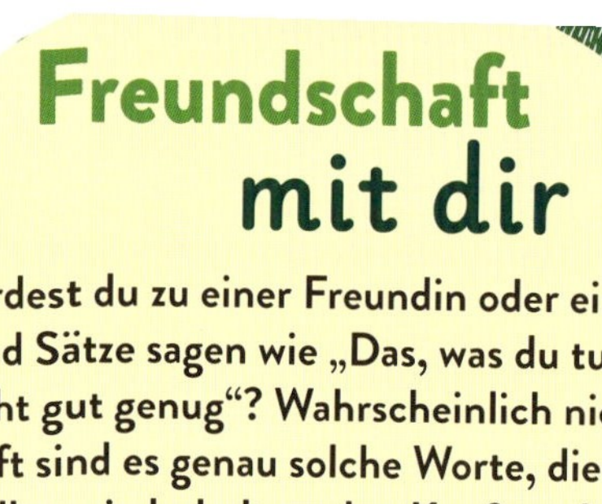

Freundschaft
mit dir

Würdest du zu einer Freundin oder einem
Freund Sätze sagen wie „Das, was du tust, ist
nicht gut genug"? Wahrscheinlich nicht.
Doch oft sind es genau solche Worte, die wir uns
selbst wiederholt an den Kopf werfen.
Höre auf, dich zu bewerten und zu verurteilen.
Sieh auf dich lieber wie eine gute Freundin
oder ein guter Freund, der dich für all
deine Stärken und Schwächen liebt.

Wenn du dich dabei erwischst, wie
du dich selbst kritisieren willst, versuche,
dich mit den Augen einer Freundin
oder eines Freundes zu sehen.

Sei dein eigener Maßstab

Vergleichst du dich oft mit anderen?
Dann ist das zwar ganz natürlich, aber auch sehr
unfair dir gegenüber. Häufig nehmen wir dabei
nämlich vor allem unsere eigenen Schwächen
in den Fokus und schauen zu sehr darauf,
was andere besser können als wir. Messe dich
stattdessen lieber an dir selbst.

ÜBERLEGE DIR: WAS HAST DU GELERNT?
WELCHE ZIELE HAST DU ERREICHT?
WIE HAST DU DICH WEITERENTWICKELT?

Wie das duftet

Rosen, heißer Kaffee am Morgen oder frische Orangen ... sicher hast du auch deine ganz eigenen Lieblingsdüfte. Gerüche sind eng mit unseren Erinnerungen und Gefühlen verknüpft und können unsere Stimmung positiv beeinflussen. Nimm die Welt mal ganz bewusst durch die Nase wahr und sammle angenehme Gerüche. Schnuppere an Blumen, an denen du vorbeikommst, an der Rinde eines Baumes oder an frisch gebackenem Kuchen.

UNTERNIMM SPAZIERGÄNGE IN DER NATUR, BEI DENEN DU DICH BESONDERS AUF DAS RIECHEN KONZENTRIERST.

Was gibt's zu essen?

Essen kann unser Wohlbefinden steigern.
Egal, woran das liegt – an dem in einigen Lebensmitteln wie Nüssen enthaltenen Tryptophan, das in Kombination mit Kohlenhydraten die Serotoninproduktion im Gehirn unterstützen kann, oder daran, dass wir mit dem Geschmack bestimmter Lebensmittel positive Erinnerungen verknüpfen – oft reicht allein der Verzehr von Gerichten, die wir lieben, um kleine Glücksmomente auszulösen.

KOCHE DIR innerhalb eines Monats jede Woche mindestens eins deiner Lieblingsgerichte.

Die richtige Balance

Nicht zu viel, nicht zu wenig, sondern genau richtig – das ist der Kern der schwedischen Glücksformel *Lagom*. Durch die optimale Balance im Leben sollen Glück und innere Zufriedenheit gesteigert werden. *Lagom* bedeutet, in den unterschiedlichsten Bereichen des Lebens wie Arbeit, Freizeit oder Konsum den richtigen Mittelweg zu finden. So geht es unter anderem darum, das wertzuschätzen, was man hat, anstatt sich immer nach mehr zu sehnen.

Lebe im Hier und Jetzt

Schau nicht immer nur nach vorn, sondern genieße das Leben, das du im Hier und Jetzt führst, mit all seinen Höhen und Tiefen. Schätze es als das Wunder wert, das es ist. *Pura Vida* nennt sich diese Lebensphilosophie aus Costa Rica: einfaches Leben.

GÖNNE DIR TAGE, DIE DU NICHT VORHER DURCHPLANST, SONDERN AN DENEN DU EINFACH SPONTAN DAS TUST, WORAUF DU LUST HAST.

SELIGES
NICHTSTUN

Niksen ist ein Begriff aus dem Niederländischen
und beschreibt die Lebensphilosophie des Nichtstuns:
Einfach mal nur dasitzen, aus dem Fenster schauen,
kein Buch lesen, das Handy zur Seite legen und sich
nicht von Medien beschallen lassen. Doch auch
wenn es gar nicht so leicht ist, das Nichtstun lohnt sich:
Es fördert deine Kreativität und führt zu mehr
Entspannung und Gelassenheit.

Me-Time

Nimm dir Zeit für dich, auch wenn es in deinem trubeligen Alltag zunächst wie eine unmögliche Aufgabe erscheint. Fange klein an und gönne dir jeden Tag 15 Minuten, die allein dir gehören. Gehe kurz raus, schreibe deine Gedanken auf oder träume vor dich hin. Steigere deine Auszeiten dann, indem du zum Beispiel eine halbe Stunde früher aufstehst, und die gewonnene Zeit für dich nutzt.

PLANE EINEN MONAT LANG JEDEN TAG ZEIT FÜR DICH EIN. TRAGE DIR DIESE IN DEINEN KALENDER EIN UND BEHANDLE SIE GENAUSO WIE EINEN WICHTIGEN ARBEITSTERMIN.

Bleib am Ball

Auch wenn es für den finnischen Begriff *Sisu* keine direkte Übersetzung gibt, wird er oft mit Ausdauer, innerer Stärke, Durchhaltevermögen und Resilienz umschrieben. Bei *Sisu* geht es darum, Ziele hartnäckig zu verfolgen, nicht aufzugeben, wenn es mal schwierig ist, aufkommende Hindernisse als Teil des Lebens zu akzeptieren und um das Bewusstmachen, dass man zwar manche Situationen nicht ändern, aber in diesen dennoch stets handeln kann.

STEH ZU DEINEN GEFÜHLEN

Jeder ist in seinem Leben mit einer Vielzahl negativer Gefühle konfrontiert. Es ist völlig natürlich, wenn es dir auch mal nicht gut geht, und dich etwas belastet. Wut, Angst oder Trauer sind jedoch oft nur schwer in Worte zu fassen. Methoden wie Expressives Schreiben können dabei helfen, deine Gefühle besser zu verarbeiten.

Zwei Seiten einer Medaille

In Island gibt es den Begriff *Gluggaveður*, der so viel wie „Fensterwetter" bedeutet. Wenn es draußen gewittert, stürmt und regnet, schaust du dir dies lieber von drinnen durch das Fenster an, wo es warm ist und du dich mit einer leckeren Tasse Tee auf das Sofa kuscheln kannst. Das klingt natürlich viel positiver als der bei uns häufig benutzte Begriff Mistwetter, da der Fokus stärker auf das Gemütliche der Situation gelegt wird.

Reflektiere: Welche Dinge nerven dich? Überlege, wie man diese aus einem positiven Blickwinkel sehen könnte.

Nichts ist perfekt, aber alles ist schön

Bei der aus Japan stammenden Philosophie *Wabi-Sabi* geht es darum, die Schönheit des Unvollkommenen zu erkennen. Auch wir müssen uns immer wieder bewusst machen, dass es neben unseren Stärken gerade unsere vermeintlichen Schwächen sind, die uns zu dem Kunstwerk machen, das wir sind. Verurteile dich nicht für sie, sondern lerne, sie zu akzeptieren.

NOTIERE 5 EIGENSCHAFTEN, DIE DU ALS SCHWÄCHEN WAHRNIMMST UND ÜBERLEGE DIR, WIE DIESE MIT ANDEREM BLICK ALS STÄRKEN GESEHEN WERDEN KÖNNEN.

TU ETWAS
für andere

Anderen etwas Gutes zu tun, macht selbst glücklich. Kleine Akte der Freundlichkeit und Hilfsbereitschaft reichen dabei schon aus. Einer Kollegin oder einem Kollegen einen Kaffee an den Schreibtisch bringen, jemanden an der Supermarktkasse vorlassen oder einen lieben Menschen mit ein paar Blümchen überraschen – die Möglichkeiten sind schier grenzenlos und erfordern oft nicht mal eine große Vorbereitung.

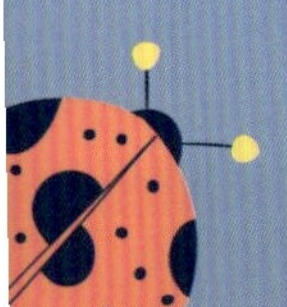

Tu innerhalb eines Monats jede Woche
5-mal anderen etwas Gutes.

Mach dir selbst immer wieder kleine Freuden. Kaufe dir deine Lieblingsschokolade, erlaube dir einen Faulpelz-Sonntag oder verwöhne dich mit ein bisschen Wellness. Verliere dich selbst im Trubel des Alltags zwischen all deinen Verpflichtungen nicht aus den Augen, sondern kümmere dich gut um dich und mach dich glücklich.

MACH DIR einen Monat lang jede Woche mindestens 5-mal eine Freude.

Lass dich fallen

Bei dem portugiesischen Begriff *desbundar*
geht es darum, die eigenen Hemmungen
fallen zu lassen und einfach Spaß zu haben.
Versuche, dies auch in deinem Leben
zu beherzigen: Behindere dich nicht
mit Überlegungen darüber, was andere
von dir denken könnten, sondern tue das,
worauf du Lust hast: Singe aus vollem
Herzen Karaoke, albere herum, oder tanze,
bis die Sonne wieder aufgeht.

Hör auf dein Gefühl

Du weißt am besten, was dich glücklich macht.
Nimm dir Zeit und denke darüber nach, in
welchen Momenten oder bei welchen Aktivitäten
du Glück empfindest. Was macht dir Spaß?
Ist es das Versinken in ein gutes Buch,
Unternehmungen mit Freunden, Freundinnen
und der Familie oder die morgendliche
Jogging-Runde durch den Park?

ERSTELLE DIR EINE LISTE MIT DINGEN, DIE DICH
GLÜCKLICH MACHEN UND VERSUCHE DIESE SO OFT
WIE MÖGLICH IN DEINEN ALLTAG ZU INTEGRIEREN.

WO ICH
GLÜCKLICH BIN

Sicher hast du das auch: den oder die Orte,
an denen du dich ganz besonders glücklich und
geborgen fühlst, an die du immer wieder denken musst,
wenn du nicht dort bist. Vielleicht ist es der See,
an dem du früher immer mit deinen Großeltern warst,
der Urlaubsort, zu dem du besonders gerne fährst,
oder das nette Café, in das du sonntags immer
zum Frühstücken gehst.

Glücksmomente

Sei aktiv und gestalte dein Leben abwechslungsreich. Werde kreativ und schaffe dir kleine Highlights, die deinen Alltag aufpeppen und etwas Glitzer in die sich immer wiederholenden Tagesabläufe bringen. Veranstalte zum Beispiel einen Spieleabend mit Freunden und Freundinnen, gehe in ein Museum, in dem du noch nie warst, oder probiere ein leckeres neues Gericht aus.

VERSUCHE EINEN MONAT LANG JEDE WOCHE MINDESTENS EIN KLEINES ODER GROSSES HIGHLIGHT IN DEINEN ALLTAG ZU INTEGRIEREN.

Die Kraft der Natur

Wann hast du dir zuletzt Zeit genommen, die Natur, die dich umgibt, ganz bewusst zu erleben? Ihre Atmosphäre mit all deinen Sinnen wahrzunehmen und dir über ihre Schönheit bewusst zu werden? Mach einen Spaziergang und nimm die Welt um dich herum wahr: Was siehst, hörst und riechst du? Berühre Dinge. Was spürst du?

Unternimm einmal im Monat einen Spaziergang, bei dem du die Natur ganz bewusst wahrnimmst.

Bäume umarmen

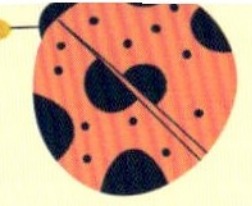

Geh in den Wald, in einen Park oder
deinen Garten und suche dir einen Baum aus.
Umarme den Stamm mit beiden Armen,
lehne dich dagegen und schließe die Augen.
Atme ruhig ein und aus. Bäume zu umarmen
tut gut, da es entspannt, dich ruhig werden
lässt und dir dabei hilft, der Hektik
des Alltags zu entfliehen.

Probiere bei
deinem nächsten
Spaziergang aus,
wie es sich anfühlt,
einen Baum zu
umarmen.

Ich bin liebenswert

Affirmationen wie „Ich vertraue auf meine Fähigkeiten", „Ich nehme mich an, wie ich bin" oder „Ich bin stolz auf mich" sind kurze positive Glaubenssätze, die dir dabei helfen können, Selbstvertrauen zu gewinnen. Wichtig ist, dass sie zu dir und deinem Leben passen, und, dass du selbst an sie glauben kannst. Affirmationen, die dich stärken, kannst du dir ganz leicht selber ausdenken. Achte nur darauf, dass jede nur ein Thema behandeln sollte.

ÜBERLEGE DIR 10 AFFIRMATIONEN UND WIEDERHOLE SIE JEDEN MORGEN 2- BIS 3-MAL.

DEIN KÖRPER IST
ein Kunstwerk

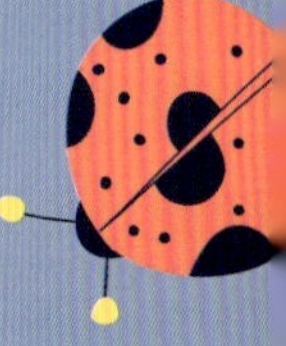

In der Regel verbringen wir viel zu viel Zeit damit,
an unserem Körper herumzumäkeln. Uns gefällt
die Nase nicht, die Form unserer Beine oder unsere Figur.
In solchen Momenten solltest du dir jedoch immer bewusst
machen, dass dein Körper ein Wunderwerk ist. Schau dir an,
was er alles für dich leistet, wie wichtig jedes einzelne Teil
von dir ist. Versuche, deinen Blickwinkel zu ändern
und deinen Körper nicht kritisch, sondern
bewundernd zu betrachten.

Betrachte dich genau im Spiegel:
Was liebst du an deinem Körper?
Was findest du an ihm schön?

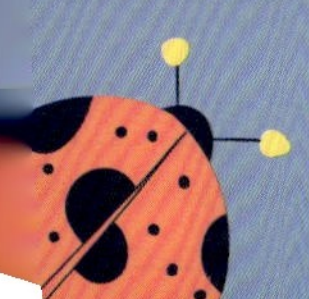

Schlaf gut!

Ausreichend Schlaf zu bekommen, ist ein wichtiger Faktor in Bezug auf dein Wohlbefinden. Wenn du zu wenig schläfst, hat das unter anderem Auswirkungen auf deine Leistungsfähigkeit, dein Selbstbild und auch darauf, wie du deine Umwelt wahrnimmst. Achte also immer auf genügend Schlaf. Höre dabei vor allem auf dich und deine Bedürfnisse.

BEOBACHTE kritisch deine Schlafroutinen. Gehst du früh genug ins Bett? Bekommst du ausreichend Schlaf oder besteht vielleicht Verbesserungsbedarf?

Digital Detox

Ständig am Handy? Immer erreichbar?
Das ist oft ziemlich anstrengend und verursacht
Stress. Vor allem für unser Gehirn, das Zeit
braucht, um all die Informationen zu verarbeiten.
Erlaube dir daher auch mal, offline zu bleiben
und das Handy zur Seite zu legen.
Lege zum Beispiel eine Zeit fest, in der du
auf Mediennutzung verzichtest, oder
einen Ort, an dem dein Handy Tabu ist.

ÜBERLEGE, WIE UND WANN DU IM ALLTAG AUF DEIN
HANDY VERZICHTEN KANNST.

Grünes Glück

Pflanzen im Zimmer zu haben, hilft
bei Stress und hellt die Stimmung auf.
Sie sind nicht nur ein schönes Hobby,
sondern wir verbinden mit ihnen auch viele
positive Dinge wie Natur und Lebendigkeit.
Sorge daher für genug Grün in deiner
Wohnung, indem du zum Beispiel
Ableger mit anderen austauschst.

Nimm dir Zeit, dich mit deinen
Pflanzen zu beschäftigen.

Lebe bunt

Farben haben einen starken Einfluss
auf dein Denken und Fühlen. Sie lassen dich
wach und aufmerksam sein und können
dafür sorgen, dass du dich richtig wohl fühlst.
Während Grün zum Beispiel für Wachstum steht
und dafür sorgt, dass dein Körper mehr
Glückshormone produziert, stärkt Gelb
dein Selbstvertrauen und lässt dich
einfach gut fühlen.

Finde deine
eigene Glücksfarbe.
Trage diese Farbe
oder gestalte deine
Wohnung damit.

DIE FREUDE
AM VERPASSEN

Ein Treffen mit Freunden nach einer stressigen Arbeitswoche? Eine Party an einem vollen Wochenende ... bestimmt bist du auch manchmal von deinem vollen Terminkalender überwältigt. Du nimmst dir viel vor und merkst erst dann, dass deine Ressourcen für all die Aktivitäten eigentlich gar nicht ausreichen. Hab keine Angst, Dinge abzusagen und erlaube dir, diese Zeit für dich zu nehmen.

Frisch in den Tag

Kleine Morgenroutinen und -rituale helfen dir dabei, munter und glücklich in den Tag zu starten. Lauf zum Beispiel eine Runde um den Block, mach Yoga, lass die erste Zeit dein Handy und das Radio aus, kuschle dich noch mal eine halbe Stunde mit einem guten Buch ins Bett oder lass dir in Ruhe ein gesundes Frühstück schmecken. Nutze die Zeit aber auch, um dir all die Dinge ins Gedächtnis zu rufen, auf die du dich an diesem Tag freuen kannst.

ÜBERLEGE DIR EINE FÜR DICH LEICHT UMSETZBARE KLEINE MORGENROUTINE UND WIEDERHOLE SIE EINEN MONAT LANG JEDEN MORGEN.

Kleine Meditation

Nimm dir 5 bis 10 Minuten Zeit,
zum Beispiel am Morgen, nachdem du
aufgewacht bist, und setze dich bequem hin.
Schließe deine Augen und konzentriere dich ganz
auf deine Atmung. Dabei werden wahrscheinlich
viele Gedanken in deinem Kopf herumwirbeln.
Probiere jedoch, deine Konzentration immer
wieder zurück auf dein Ein- und
Ausatmen zu lenken.

VERSUCHE DIE KURZE MEDITATION ALS
KLEINE MORGENROUTINE ZU ETABLIEREN.

Drei gute Dinge

Nimm dir am Abend etwas Zeit und schreibe dir drei gute Dinge auf, die an diesem Tag passiert sind. Hast du zum Beispiel eine wichtige Aufgabe erledigt, oder einfach nur dem Gesang der Vögel zugehört? Hast du einen Regenbogen gesehen oder dich mit einem lieben Menschen getroffen, den du schon lange nicht mehr gesehen hast? Notiere dir im nächsten Schritt, was du zu diesen Dingen beigetragen hast.

WIEDERHOLE diese Übung eine Woche lang jeden Abend.

Zeit für uns

Bei dem schwedischen *Fika* geht es
darum, sich gemeinsam mit anderen –
mit Freunden, Kollegen, oder der Familie –
kleine Auszeiten zu gönnen. Ihr kommt
zusammen, tauscht euch aus und genießt
das fröhliche Miteinander – am besten
noch mit einem heißen Getränk und
einem leckeren Gebäck
in der Hand.

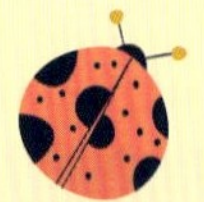

QUALITÄT
VOR QUANTITÄT

Beziehungen machen glücklich, doch nicht
auf die Quantität dieser Beziehungen kommt
es an, sondern vor allem auf die Qualität.
Du brauchst nicht tausend Freunde, um zufrieden
zu sein. Ein paar wenige gute sind vollkommen
ausreichend. Pflege deine Freundschaften,
indem du den anderen gegenüber
verständnisvoll, neugierig und
liebevoll bleibst.

Micro-Habits

Micro-Habits können dir dabei helfen, negative Angewohnheiten, die dich nerven, in positive umzuwandeln oder gute Vorsätze umzusetzen. Entscheidend ist, klein anzufangen und dich dann nach und nach zu steigern. Stört dich zum Beispiel die Länge der Zeit, die du sinnlos am Handy verbringst? Ersetze doch mal 10 Minuten dieser Zeit durch 10 Minuten lesen.

DENKE AN EINE DEINER GEWOHNHEITEN, DIE DICH STÖRT, UND ÜBERLEGE DIR, WIE DU SIE IN GANZ KLEINEN SCHRITTEN ZUM BESSEREN WENDEN KANNST.

Reflektiere
dich selbst

Über sich selbst nachzudenken ist schwierig,
aber wichtig. Helfen kann dir dabei zum Beispiel
die sogenannte Morgenseite. Nimm dir morgens
direkt nach dem Aufstehen ein Blatt Papier und
schreibe intuitiv alles auf, was dir in den Sinn kommt.
Das können Sorgen oder Ängste, Wünsche,
Erinnerungen, Dinge, auf die dich freust,
oder negative Gefühle sein.

Schreibe einen Monat lang jeden Tag
eine Morgenseite.

ABENTEUER
vor der Haustür

Um Neues zu erleben und spannende Erfahrungen
zu machen, muss man weder weit reisen, noch viel Geld
ausgeben. Probiere es einfach mal mit Mikroabenteuern,
ganz leicht umsetzbaren, einfachen Abenteuern,
die du in der Nähe deines Zuhauses erleben kannst.
Stehe so früh auf, dass du den Sonnenaufgang
beobachten kannst, schlafe mit Zelt im eigenen Garten,
mach ein Picknick oder besuche einen Ort
in der Nähe, der einen ungewöhnlichen Namen hat.

Erstelle eine Liste mit Mikroabenteuern, die du direkt
vor deiner Haustür erleben kannst und baue
sie einen Monat lang immer wieder in deinen Alltag ein.

Glück ist *subjektiv*

Nur du allein weißt, was dich glücklich macht, was du brauchst, um in deinem Leben zufrieden zu sein. Reflektiere dich, höre in dich hinein, denke über dich nach. Akzeptiere dich, so wie du bist und verurteile dich nicht für deine vermeintlichen Schwächen. Lass Gefühle zu und schaffe dir aktiv Glücksmomente im Hier und Jetzt, ohne das Glück immer nur in der Zukunft zu suchen.

SCHREIBE EINE GLÜCKSLISTE MIT DINGEN, DIE DICH GLÜCKLICH MACHEN.

Bildnachweis Cover und Innenteil: Shutterstock.com.

Cover und Layout: Vanessa Urban
Satz: Petra Schmidt Grafik Design
Gesamtherstellung: Printfactory, Istanbul

Jede Woche etwas Neues wagen – 50 Impulse für mehr Glücksmomente
GTIN 978-3-8485-0293-6
© 2024 Groh Verlag. Ein Imprint der Verlagsgruppe
Droemer Knaur GmbH & Co. KG, München
www.groh.de

1 2 3 4 5

Jede Woche etwas Neues wagen
50
Impulse
für mehr Zeit
für mich
AF216688

ICH BIN WICHTIG

Manchmal ist es schwer, die Prioritäten zwischen Arbeit und Freizeit richtig zu setzen. Allzu oft muss sich das private Leben dem Job unterordnen. Dabei ist es für die richtige Work-Life-Balance entscheidend, beides als gleichwertig anzusehen und auch so zu behandeln. Gib der Zeit, die du für dich, deine Hobbys oder deine Familie hast, einen festen Platz in deinem Tag und gehe mit ihr so um wie mit einem wichtigen Termin.

PLANE AKTIV PRIVATE ZEIT FÜR DICH EIN UND VERMERKE DIESE IN DEINEM TERMINKALENDER.

TAGES-To-dos

Gerade im Arbeitskontext kann es sehr erdrückend sein, eine immer länger werdende Liste an Aufgaben vor sich zu haben. Abhilfe können Tages-To-do-Listen schaffen. Nimm dir jeden Morgen etwas Zeit, deinen Tag zu strukturieren und erstelle eine Liste mit Aufgaben, die du ganz realistisch an diesem Tag schaffen kannst.

Schreibe eine Woche lang Tages-To-do-Listen.

PROBIER'S MIT
Pomodoro

Die Pomodoro-Technik ist eine
Methode des Zeitmanagements, die unter Berücksichtigung
häufiger Pausen deine Produktivität steigern soll.
Notiere dir zunächst eine Aufgabe auf einem Stück Papier
und stelle dir einen Wecker auf 25 Minuten.
Arbeite so lange an dieser Aufgabe, bis es klingelt.
Mache anschließend eine kurze Pause von 5 Minuten.
Nach vier 25-minütigen Arbeitseinheiten solltest du
eine längere Pause von 15 bis 20 Minuten einlegen.

PROBIERE DIE METHODE
IN DEINEM ARBEITSALLTAG AUS.

Regelmäßige Pausen sind wichtig für die Konzentration. Sie verbessern die Leistung und wirken Müdigkeit entgegen. Gerade bei langer Bildschirmarbeit soll es besonders erholsam sein, nach 1 Stunde Arbeit eine 5-minütige Pause einzulegen. Doch auch kurze Unterbrechungen von 1 Minute können helfen, wenn du sie zum Beispiel nutzt, um dich zu bewegen.

In die Ferne schweifen

Gerade wenn du oft und lange auf einen Bildschirm schaust, ist das für deine Augen sehr anstrengend. Verändere daher immer wieder deinen Fokus. Suche dir dafür mehrere Objekte, die immer ein Stück weiter entfernt von dir sind. Wirf zum Beispiel zunächst einen Blick auf einen Gegenstand auf deinem Schreibtisch, dann auf den Fensterrahmen, auf den Baum auf der anderen Straßenseite und schließlich auf die Vögel am blauen Himmel. Sieh alle Objekte mehrere Sekunden an und lasse deinen Blick bewusst in die Ferne schweifen.

Führe diese Übung während deines Arbeitstages regelmäßig durch.

Palmieren

Möchtest du deinen Augen etwas Entspannung gönnen, kann dir folgende Übung dabei helfen: Setze dich gemütlich hin und reibe die Innenseiten deiner Hände so lange aneinander, bis sie warm sind. Lege deine Handflächen leicht gewölbt über deine Augen, ohne diese jedoch direkt zu berühren. Achte darauf, dass du gut durch deine Nase atmen kannst. Schließe deine Augen und genieße die wohltuende Dunkelheit. Atme langsam ein und aus. Nach etwa 2 Minuten kannst du deine Hände langsam von deinen Augen entfernen.

BAUE DIE ÜBUNG ALS TÄGLICHES RITUAL EINEN MONAT LANG IN DEINEN ARBEITSALLTAG EIN.

Im Farbenrausch

Beim Ausmalen vorgefertigter Motive kannst du wunderbar abschalten. Du stellst keine Erwartungen an dich, ein großes Kunstwerk schaffen zu müssen, hast nicht die Sorge, etwas falsch zu machen, sondern kannst dich ganz auf das Auswählen von Farben konzentrieren und mit ihnen deine Gefühle ausdrücken. Ausmalen lässt dich in andere Welten eintauchen und ist ein entspannender Ausgleich zum Druck, den du im Alltag spürst. Malen kannst du außerdem fast überall: egal ob zu Hause, im Park oder im Zug.

ZEIT FUR TRAUME

Beim Wäscheaufhängen oder
Spazierengehen ist die Wahl, sich dabei
Musik oder ein Hörbuch anzuhören, oft
schnell getroffen. Erlaube deinem Gehirn jedoch auch
mal frei und ohne Ablenkung auf Wanderschaft zu gehen.
Tagträumen kannst du nämlich am besten bei Tätigkeiten
über die du nicht nachdenken musst. Es kann dich
inspirieren, fördert deine Kreativität, hilft
dir, Lösungen für Probleme
zu finden und deinem Gehirn
dabei, sich zu entspannen.

DIE NATUR
spüren

In Japan nennt man es *Shinrin Yoku*, bei uns heißt es Waldbaden: Das vollständige und mit allen Sinnen wahrnehmende Eintauchen in die wohltuende Atmosphäre des Waldes. Hier, zwischen den alten und majestätisch über dir aufragenden Bäumen, kannst du zur Ruhe kommen sowie neue Energie und Kraft tanken. Falls du jedoch keinen Wald in der Nähe hast, kann auch ein Spaziergang durch den Park dein allgemeines Wohlbefinden steigern.

PLANE FÜR EINEN MONAT
ZWEI WALDTAGE EIN.

Lausche dem Rauschen der Blätter

Gehe hinaus, in den Park, deinen Garten oder in den Wald. Suche dir einen Platz zum Sitzen, schließe deine Augen und höre auf die Geräusche um dich herum. Lausche dem Gesang der Vögel, dem Summen der Bienen, dem Quaken der Frösche oder dem Plätschern eines Baches. Die Naturgeräusche vermitteln dir ein Gefühl von Sicherheit und helfen dir dabei, ruhiger zu werden, zu entspannen und Stress abzubauen.

Verzichte, wenn du in der Natur unterwegs bist, einen Monat lang bewusst auf Kopfhörer. Lausche lieber den Klängen der Natur.

4 - 7 - 8

Die 4-7-8-Atemübung hilft dabei, Stress abzubauen und besser einzuschlafen. Setze oder lege dich hin. Atme ein und mit einem pustenden Geräusch durch den Mund aus. Schließe den Mund und atme 4 Sekunden durch die Nase ein. Halte, wenn möglich, 7 Sekunden die Luft an, und atme sie 8 Sekunden geräuschvoll durch den Mund aus. Wiederhole das Ganze dreimal. Am besten machst du die Übung zweimal am Tag, etwa morgens und abends.

FÜHRE DIE ÜBUNG EINE WOCHE LANG ZWEIMAL AM TAG AUS.

schreib es auf

Manchmal fällt es dir sicher schwer, abends
zur Ruhe zu kommen, weil so viele unterschiedliche
Gedanken in deinem Kopf kreisen. Helfen kann dir,
einen Zettel und einen Stift neben deinem Bett
bereitzulegen, auf dem du all deine Gedanken, Sorgen
und To-dos notieren kannst. Diese warten dort
bis zum nächsten Morgen auf dich, ohne dass
du Sorge haben musst, etwas zu vergessen.

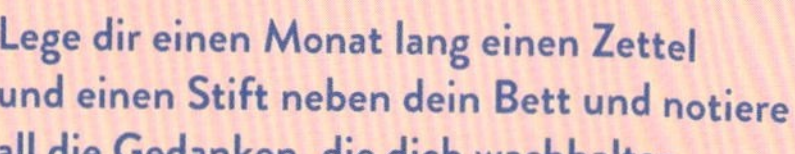

Lege dir einen Monat lang einen Zettel
und einen Stift neben dein Bett und notiere
all die Gedanken, die dich wachhalten.

ZEITfresserchen

Beim Eisenhower-Prinzip geht es darum, in vier Quadraten deine Aufgaben nach ihrer Wichtigkeit und Dringlichkeit zu sortieren. Im ersten Quadrat notierst du alle wichtigen und dringenden Aufgaben, im zweiten alle wichtigen, aber nicht dringenden, im dritten die unwichtigen, aber dringenden und im vierten die unwichtigen und nicht dringenden. So kannst du deine Prioritäten richtig setzen und erkennen, ob es Aufgaben gibt, die nur unnötige Zeitfresser sind.

Probiere die Methode eine Zeit lang aus und schau, ob es Aufgaben gibt, die überflüssig sind.

NEIN *sagen*

Häufig werden wir um etwas *gebeten* – sei es im privaten oder beruflichen Kontext –, um das wir uns kümmern, obwohl wir eigentlich keine Kapazitäten dafür haben. In diesen Situationen hätten wir eigentlich „Nein" sagen sollen. Das ist schwer, lässt sich aber lernen. Was hilft: Einen Schritt zurückzutreten und um Bedenkzeit bitten. Höre zuerst in dich hinein und werde dir klar, ob eine zusätzliche Aufgabe für dich machbar ist. Wenn nicht, formuliere deine höfliche Absage und begründe diese gegebenenfalls.

HINTERFRAGE DICH: IN WELCHEN SITUATIONEN KANNST DU ZUKÜNFTIG NEIN SAGEN.

Me-Time

Zwischen Familie, Beruf und anderen
Verpflichtungen kann es schwer erscheinen,
sich auch noch Zeit für sich selbst abzuzwacken.
Es gibt einfach immer viel zu tun. Trotzdem ist es
wichtig, sich diesen Raum zu geben. Welche
Momente deines Alltags kannst du für dich nutzen?
Fange zunächst klein an und stehe zum Beispiel
ein paar Minuten früher auf, um zu lesen,
Sport zu treiben oder dir viel Zeit
im Bad zu nehmen.

GENUSSMOMENTE

Beschränke dich im Trubel des Alltags nicht nur auf das Nötigste, sondern nimm dir für die Dinge Zeit, die dir guttun. Wie wäre es zum Beispiel mit einem warmen Bad bei Kerzenschein statt einer schnellen Dusche zwischendurch? Oder einem gemütlichen Frühstück im Bett, statt einem Brot zum Mitnehmen? Überlege, in welchen Momenten du Abstriche machst und erlaube dir, diese hin und wieder voll zu zelebrieren.

BAUE JEDE WOCHE EINEN GENUSSMOMENT IN DEINEN ALLTAG EIN.

Handyfrei

Elektronische Geräte prägen allein schon durch die Arbeit häufig viel zu sehr unseren Tag. Doch auch in der Freizeit sind wir es inzwischen gewohnt, ständig auf einen Bildschirm zu schauen. Dabei ist es sehr erholsam, die Geräte einfach mal aus zu lassen. Beobachte dich im Alltag und reflektiere, wie viele Minuten des Tages du zum Beispiel am Handy oder an einem Computer verbringst. Überlege dir dann, zu welchen Zeiten oder an welchen Orten du am ehesten auf die Geräte verzichten könntest.

VERMEIDE EINE WOCHE LANG JEDEN TAG EINE GEWISSE ZEIT AUF DIE NUTZUNG VON MEDIEN.

EINFACH MAL *nichts tun*

Wann hast du das letzte Mal *nichts getan?* Also gar nichts. Nicht gelesen, nicht Musik gehört, nicht gearbeitet? Wahrscheinlich ist das schon eine Weile her, denn häufig neigen wir aus Angst vor Langeweile dazu, uns ständig zu beschäftigen. Beim niederländischen *Niksen* geht es aber genau darum, einfach nur dazusitzen und nichts zu tun. Gönn dir selbst eine Pause und probiere mal das Nichtstun aus. Verliere dich in Tagträumen und erhole dich von der Hektik des Alltags.

PLANE EINE WOCHE LANG JEDEN TAG ZEIT EIN, IN DER DU GAR NICHTS TUST.

Kleine Kopfmassage für Zwischendurch

Kopfmassagen sind wunderbar entspannend und ganz leicht selbst durchzuführen: Setze dich dafür bequem hin. Massiere deinen Kopf nun mit sanften, kreisenden Bewegungen deiner Fingerkuppen. Übe nur leichten Druck aus. Beginne die Massage am Haaransatz, wandere zu deinen Schläfen und arbeite dich langsam bis zu deinem Nacken vor. Die Massage verbessert die Durchblutung und ist ein perfektes Verwöhn-programm für stressige Tage.

Baue immer mal wieder eine kleine Kopfmassage in deinen Alltag ein.

Wellness für Zuhause

Wellnessreisen erfreuen sich großer Beliebtheit, doch du musst nicht unbedingt wegfahren, um dich und deinen Körper zu verwöhnen. Auch zuhause lassen sich schon mit wenig Aufwand herrlich entspannende Wellness-Tage einlegen. Starte morgens zum Beispiel mit einem gesunden Frühstück aus Obst, Müsli und frisch gepresstem Saft in den Tag und tu dann deiner Haut mit einer Gesichtsmaske, einem warmen Bad und einem Peeling etwas Gutes.

GEHMEDITATION

Man muss nicht unbedingt stillsitzen, um zu meditieren. Versuche bei deinem nächsten Spaziergang, dich und deine Umgebung ganz aufmerksam und bewusst wahrzunehmen. Konzentriere dich auf die Bewegungen deines Körpers, spüre wie deine Füße auf dem Boden aufkommen, achte auf deine Atmung und darauf, was du siehst, riechst und hörst. Lass dich ganz in den Moment fallen.

BAUE EINEN MONAT LANG JEDE WOCHE MEHRERE KURZE ODER LANGE GEHMEDITATIONEN IN DEINEN ALLTAG EIN.

ENTSPANNUNG
für Körper und Geist

Egal ob *Yoga oder Quigong* – es gibt viele Bewegungsarten, bei denen es gezielt darum geht, innere Ruhe und Gelassenheit zu erlangen. Doch auch ganz generell sind Sport und Bewegung wichtige Instrumente beim Stressabbau. Sie sorgen dafür, dass Stresshormone abgebaut werden und die Produktion von Glückshormonen ansteigt. Suche dir am besten eine Sportart, die dir Spaß macht, überfordere dich nicht, und achte darauf, dass du dich gut fühlst.

VERSUCHE EINEN MONAT LANG REGELMÄSSIG SPORT ZU TREIBEN. FANGE ZUNÄCHST KLEIN AN, UND STEIGERE DICH NACH UND NACH.

Im Winter in der warmen Wohnung sitzen, vor
dir ein Tisch mit einem halbfertigen Puzzle ...
das klingt schon nach Ruhe und Gemütlichkeit.
Doch nicht nur in der Fantasie hat Puzzeln eine
beruhigende Wirkung – es entspannt tatsächlich.
Und es kann noch viel mehr: Puzzeln trainiert
deine Konzentration, beschert dir durch das Finden
von Teilen immer wieder kleine Erfolgserlebnisse
und macht zudem auch noch richtig Spaß.
Und man kann es wunderbar zu zweit machen.

Suche dir ein Puzzle und puzzle drauf los.

Komm in den Flow

Egal ob Stricken, Gartenarbeit oder Kochen – wenn du Dinge tust, die du liebst und deine Hobbys auslebst, gibt dir das nicht nur ein gutes Gefühl, sondern kann dich auch in den sogenannten *Flow* versetzen. Dies ist ein Zustand, bei dem du vollkommen konzentriert und fokussiert auf deine Tätigkeit bist und Dinge wie Raum und Zeit vergessen kannst. Im *Flow* zu sein kann sich bereichernd und motivierend anfühlen und Glücksgefühle in dir auslösen.

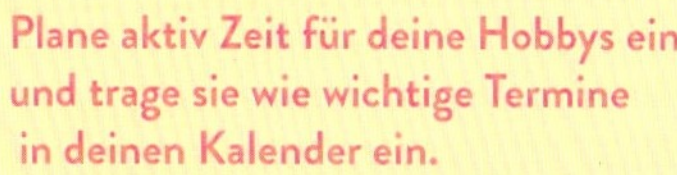

Plane aktiv Zeit für deine Hobbys ein und trage sie wie wichtige Termine in deinen Kalender ein.

Summe wie die Biene

Setze dich bequem hin, schließe deine Augen und halte dir mit einem Finger jeder Hand sanft die Ohren zu. Atme dann ein paar Züge lang normal weiter. Bist du bereit, hole durch die Nase ganz tief Luft und mache anschließend beim Ausatmen durch deine fast geschlossenen Lippen ein summendes Geräusch. Wiederhole die Übung insgesamt 8 Atemzüge lang. Mit der sogenannten Bienenatmung kannst du in stressigen Situationen zur Ruhe kommen.

Fingeryoga

Die *Shakti-Mudra* soll dabei helfen, Stress loszulassen und innerlich ruhig zu werden. Lege dafür die Fingerkuppen deiner beiden kleinen und deiner Ringfinger sanft aneinander, sodass sie sich berühren. Lege nun deine Daumen in deine Handinnenflächen und umschließe sie locker mit deinen beiden Zeige- und Mittelfingern. Die Zeige- und Mittelfinger deiner beiden Hände sollten sich dabei aber nicht berühren. Halte die Mudra ungefähr 5 Minuten.

DU KANNST DIESE ÜBUNG JEDERZEIT DURCHFÜHREN, SOLLTEST SIE ABER NICHT HÄUFIGER ALS DREIMAL AM TAG WIEDERHOLEN.

KLEINES
Nickerchen

In Japan ist *Inemuri*, ein kurzes Nickerchen während des Tages, weit verbreitet und allgemein angesehen. Geschlafen wird hier zum Beispiel in der Schule, in der U-Bahn und sogar im Büro. Bei uns hat sich das vergleichbare Powernapping bisher noch nicht so durchsetzen können. Dabei ist ein kurzer Schlaf von 5 bis 15 Minuten während unseres natürlichen Leistungstiefs zwischen 13 und 16 Uhr nicht nur gut für die Leistungsfähigkeit und Konzentration, sondern er hilft auch gegen Stress.

PROBIERE POWERNAPPING AUS, ACHTE JEDOCH DARAUF, DASS DU NICHT ZU SPÄT UND NICHT ZU LANGE SCHLÄFST.

Gäääähn!

Ausreichend Schlaf ist wichtig für die Gesundheit und um frisch und fit in den nächsten Tag zu starten. Auch wenn ein Großteil der Menschen etwa 7 bis 8 Stunden Schlaf braucht, ist das eigene Schlafbedürfnis etwas sehr Individuelles. Deine ganz persönliche Schlafdauer kannst du am besten im Urlaub ermitteln. Stelle dir in mehreren aufeinanderfolgenden Nächten keinen Wecker, sondern schlafe so lange, du kannst. Dein Körper holt sich nämlich den Schlaf, den er braucht.

Richtig gemütlich!

Bei dem dänischen Trend *Hygge* geht es um Zufriedenheit, Geborgenheit und eine gemütliche Atmosphäre. Kuschel dich zum Beispiel mit einem guten Buch, einer Decke und einem leckeren Tee auf das Sofa oder veranstalte beim warmen Licht der Kerzen ein kleines Dinner mit leckerem Essen und verbringe Zeit mit den Menschen, die du liebst.

Lass es dir gut gehen und schaffe dir kleine *Hygge*-Momente im Alltag.

JOY OF MISSING OUT

Häufig sagen wir bei Verabredungen oder Veranstaltungen zu, obwohl wir für diese eigentlich keine Energie haben. Einer der Gründe dafür ist, dass wir Angst haben, etwas zu verpassen. Bei Joy of Missing Out geht es hingegen darum, Freude daran zu empfinden, nicht überall dabei sein zu müssen. Es ist völlig in Ordnung, auch mal zu Hause bleiben zu wollen. Priorisiere dich selbst und trau dich, Verabredungen abzusagen, wenn du das Gefühl hast, Zeit für dich selbst zu brauchen.

ÜBERLEGE, WANN DU SCHON MAL EINE EINLADUNG ANGENOMMEN HAST, WEIL DU ANGST HATTEST, DU WÜRDEST ETWAS VERPASSEN.

Kleine Meditation

Der Begriff Meditation umfasst eine Vielzahl ganz
unterschiedlicher Techniken, die zum Ziel haben, deinen
Geist zu beruhigen und dir zu mehr Gelassenheit zu
verhelfen. Für eine kleine Achtsamkeitsmeditation
zwischendurch brauchst du nicht viel Zeit. Setze dich
bequem hin und schau dich ganz genau um.
Konzentriere dich auf die Dinge, die dich umgeben:
auf die Geräusche, das Licht und die Farben.
Atme dabei ruhig ein und aus und lass
dich nicht von aufkommenden
Gedanken mitreißen. Meditiere
für ein paar Minuten.

ENTSPANNUNG
durch Düfte

Einige Duftstoffe können unsere Laune positiv beeinflussen und für Entspannung in unserem Alltag sorgen. Zum Beispiel in Form von Ölen oder Badezusätzen kannst du sie sehr leicht in deinen Alltag integrieren. Lavendel wirkt entspannend und schlaffördernd, Bergamotte soll gegen Stress helfen und der Duft der Römischen Kamille beruhigend und angstlösend sein. Da der Geruchssinn jedoch sehr individuell ist, solltest du vorher darauf achten, dass der ausgewählte Duft angenehm für dich riecht.

PROBIERE ES EINFACH MAL AUS UND LASS DICH VON ANGENEHMEN DÜFTEN UMFANGEN.

Feierabendrituale

Sicher fällt es dir auch manchmal schwer, nach der Arbeit loszulassen und in den Feierabend zu starten. Oft kreisen die Gedanken noch lange um berufliche Ereignisse und Probleme. Dabei ist der Feierabend wichtig, um neue Kraft zu tanken. Kleine Rituale können dir dabei helfen, eine klare Grenze zwischen Arbeit und Freizeit zu ziehen und besser abzuschalten. Schlüpfe zum Beispiel, wenn du nach Hause kommst, in bequeme Kleidung, mache einen kurzen Spaziergang oder gehe ganz bewusst durch deine Haustür und streife dabei in Gedanken alles Berufliche ab.

Probiere einen Monat, deinen Feierabend durch ein kleines Ritual einzuläuten.

Tagebuch

Manchmal haben wir das Gefühl, Gedanken an Probleme oder To-dos einfach nicht aus dem Kopf zu bekommen. Ständig drehen wir uns im Kreis und durchdenken alles wieder und wieder. Versuche in solchen Momenten, deine Gedanken aufzuschreiben und auf ein Stück Papier zu verbannen, um dich von ihnen zu distanzieren. Führe zum Beispiel ein kleines Tagebuch und notiere darin Dinge, die dich belasten.

FÜHRE EINEN MONAT LANG EIN TAGEBUCH, IN DAS DU LÄSTIGE GEDANKEN, TO-DOS UND PROBLEME SCHREIBST.

Die Kraft der Gedanken

Beim autogenen Training soll durch die eigenen Gedanken ein Zustand der Ruhe und Entspannung erreicht werden. Suche dir einen Ort, an dem du ungestört bist. Lege dich mit einer Matte auf den Boden und lasse deine Arme locker neben dir liegen. Schließe die Augen und konzentriere dich auf einen deiner Arme. Sage dir immer wieder in Gedanken, wie schwer sich dieser Arm anfühlt. Spüre, wie er tatsächlich schwerer wird, und du beginnst, dich zu entspannen. Wiederhole das mit dem anderen Arm. Beende die Übung, indem du deine Muskeln kurz anspannst und die Augen langsam öffnest.

MIT MUSKELN
gegen stress

Progressive Muskelentspannung

ist eine einfache Entspannungsmethode, bei der ganz bewusst verschiedene Muskeln in gleichbleibendem Rhythmus abwechselnd angespannt und anschließend wieder gelockert werden. Dabei verlangsamen sich dein Puls und deine Atmung, dein Blutdruck sinkt und du fühlst dich innerlich ruhig und gelassen. Die leichten Übungen kannst du gut selbst von zu Hause aus durchführen.

PROBIERE DIE PROGRESSIVE MUSKELENTSPANNUNG BEI INTERESSE EINFACH MAL AUS.

GRIMASSEN SCHNEIDEN

Im ersten Augenblick, klingt es vielleicht komisch, aber gerade, wenn du viel sitzt und bei der Arbeit angespannt bist, solltest du darüber nachdenken, ab und zu Grimassen zu schneiden. Und das nicht, weil einer deiner Kollegen in einem Meeting mal wieder etwas Seltsames gesagt hat, sondern weil es die Muskulatur deines Gesichts lockert und dich entspannt.

SCHNEIDE EINE WOCHE LANG JEDEN TAG EINE MINUTE LANG GRIMASSEN.

Bleib in Bewegung

Mach dich locker! Nicht nur in der Freizeit, sondern auch am Arbeitsplatz ist ausreichend Bewegung wichtig für dich und dein Wohnbefinden – gerade wenn du häufig sitzt und am Computer arbeitest. Zum Glück gibt es zahlreiche kleine Bewegungsübungen, die dir dabei helfen können, deinen Arbeitstag aufzupeppen. Viele von ihnen sind sogar ganz leicht und mit nur wenig Zeitaufwand direkt am Schreibtisch durchzuführen. Worauf wartest du also? Recherchiere los und speichere dir deine Lieblingsübungen irgendwo ab, damit du sie immer gleich parat hast.

BUCKET List

Sicher hast du sie auch, die Dinge, die du im Leben unbedingt mal machen oder erreichen möchtest. Sei es eine Sternschnuppennacht am Meer zu erleben, auf einem nahe gelegenen See Standup-Paddeln auszuprobieren oder auch einfach nur ein neues Gericht zu kochen ... notiere all deine Wünsche auf einer Liste. Schau dir diese immer wieder an, streiche abgehakte Erlebnisse durch und lass dich von ihr motivieren, deine Träume zu verwirklichen.

Schreibe eine Bucket List.

Guilty Pleasure

Wer kennt sie nicht, Dinge wie Fernsehserien, Bücher, Kleidungsstücke oder auch Musikrichtungen, die wir zwar lieben, die uns aber aus irgendeinem Grund peinlich sind. Dinge, die wir gerne vor anderen verschweigen, weil wir Sorge haben, von ihnen deswegen bewertet zu werden. Bremse dich nicht aus, weil du darüber nachdenkst, was andere davon halten könnten, dass du gerne Romanzen liest oder Telenovelas schaust. Meist bist du nämlich die einzige, die sich dafür verurteilt.

Fülle deine Zeit mit Dingen, die du liebst und die dir Spaß machen.

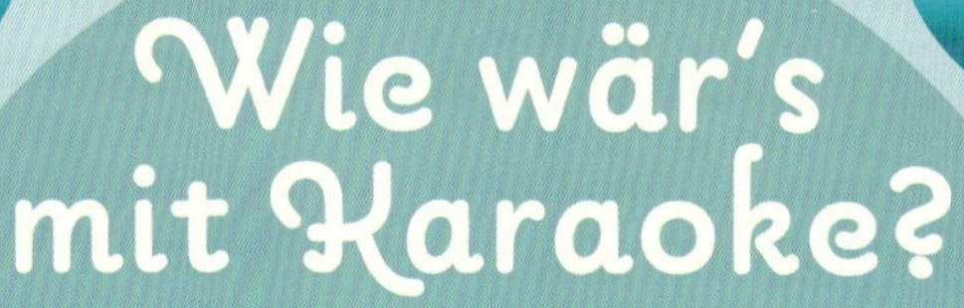

Wie wär's mit Karaoke?

Trällere dein Lieblingslied unter der Dusche oder singe im Chor zusammen mit anderen. Gesang tut deinem Geist und deinem Körper gut: Durch das tiefe Ein- und Ausatmen beim Singen wirst du ruhig und die Anspannung nimmt ab. Dein Blutdruck sinkt und auch dein Puls wird langsamer. Außerdem werden Stresshormone abgebaut und Glückshormone produziert. Und Spaß macht Singen auch noch.

ZEIT FÜR
Experimente

Im Alltag fällt es dir sicher auch manchmal schwer, ausgetretene Pfade zu verlassen. Da es im Trubel oft schnell gehen muss, entscheiden wir uns häufig für die effizienteste Lösung: Wir kochen immer die gleichen Gerichte, tragen dieselbe Frisur und die immer gleichen Kleidungskombinationen. Nimm dir Zeit dafür, herumzuexperimentieren. Suche dir ein ruhiges Wochenende oder einen Urlaubstag aus und probiere ganz in Ruhe ein neues Rezept, eine neue Frisur, oder mach Dinge mit Absicht einfach mal ganz anders als sonst. Ohne Druck und ohne Eile.

LEGE EINEN EXPERIMENTIERTAG IM MONAT EIN.

Lass dich von Wärme umfangen

Nicht nur an kalten Wintertagen tut Wärme dir gut. Ein schöner heißer Tee, ein kuschelig warmes Kirschkernkissen, Hände, die über eine Flamme gehalten werden, Sonnenschein im Gesicht oder Socken im Bett … Wärme gibt dir ein wohliges Gefühl und wirkt sogar Stress entgegen. Außerdem wurde herausgefunden, dass es sich mit warmen Füßen tatsächlich besser einschlafen lässt.

Brrr ...

Bei dem Gedanken an eine kalte Morgendusche würden sich viele am liebsten sofort wieder ins warme Bett verkriechen. Dabei hat diese durchaus einige Vorteile, denn sie ist gut für Haut und Haare und kann zudem deine Stimmung heben. Trotz der Vorteile gibt es jedoch, gerade wenn du nicht daran gewöhnt bist, einiges zu beachten: Fange lieber zunächst mit lauwarmem Wasser an. Beginne mit deinen Beinen und Armen und achte vor allem auch darauf, dass das kalte Wasser nicht zu plötzlich auf dich niederprasselt oder du zu lange kalt duschst.

HAST DU LUST, EINE KALTE DUSCHE AUSZUPROBIEREN, DANN INFORMIERE DICH VORHER GUT DARÜBER, WIE MAN ES RICHTIG MACHT.

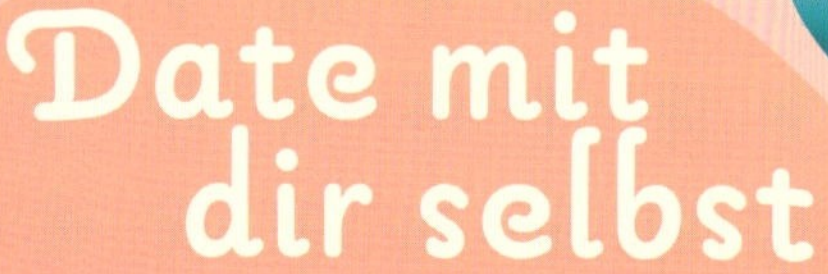

Date mit dir selbst

Bei Solo-Dates geht es darum, Zeit, die man mit sich selbst verbringt, wertzuschätzen und zu zelebrieren. Dabei kannst du tun, was immer du möchtest und ganz deinen eigenen Interessen folgen, ohne auf andere Rücksicht nehmen zu müssen. Außerdem fällt die lästige Suche nach einem passenden Termin weg. Wie wäre es zum Beispiel, wenn du mal wieder in eine Gemäldegalerie gehst? Oder dich mit einem guten Buch in dein Lieblingscafé setzt und dir ein leckeres Stück Kuchen gönnst?

Du bist schön

Es braucht nicht immer einen Anlass ...
auch an einem normalen Tag kannst du dich
richtig auftakeln. Nimm dir viel Zeit dafür,
dich fertig zu machen, und nutze sie, um dich
ganz bewusst um dich zu kümmern. Wähle ein
Outfit aus, in dem du dich gut und selbstbewusst
fühlst und auf das du einfach mal wieder
Lust hast. Tue es ohne Grund
und nur für dich.

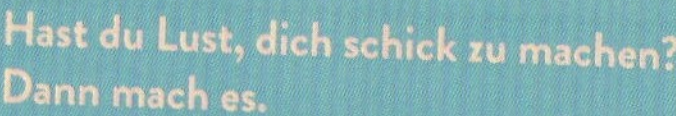

Hast du Lust, dich schick zu machen?
Dann mach es.

HIER UND JETZT

Häufig ist unser Alltag streng durchgetaktet und wir haben eine genaue Vorstellung davon, wie er ablaufen wird. Selten nehmen wir uns die Zeit, etwas ohne genauen Plan und ohne Ziel zu tun. Dabei kann es so schön sein, sich treiben zu lassen, durch die Stadt zu bummeln, ohne etwas zu brauchen. Verzichte doch mal darauf, dir im Vorfeld genaue Vorstellungen zu machen, sondern laufe los und entscheide ganz spontan, wohin dein Weg dich führt und was du tust.

SUCHE DIR EINEN TAG IM MONAT AUS, AN DEM DU DICH EINFACH TREIBEN LÄSST.

VORFREUDE IST

die schönste Freude

Plane schöne Erlebnisse ein, auf die du dich freuen kannst. Das kann ein Treffen mit Freundinnen, Freunden oder der Familie oder auch der nächste Urlaub sein. Trage diese Termine in deinen Arbeitskalender ein, um sie auch im anstrengenden Joballtag immer präsent zu haben. So kannst du schon lange vorher von dem Glück und der Freude zehren, die diese Verabredungen und Erlebnisse in dir hervorrufen und einen schönen Ausgleich zum stressigen Beruf schaffen.

FÜLLE DEINEN TERMINKALENDER MIT SCHÖNEN ERLEBNISSEN, AUF DIE DU DICH FREUST.

Entschleunigung für Zwischendurch

Verschließe mit deinem Daumen dein rechtes Nasenloch und atme durch dein linkes etwa 2 Sekunden lang tief ein. Verschließe dein linkes Nasenloch mit deinem Ringfinger und halte für ungefähr 8 Sekunden die Luft an. Öffne dann dein rechtes Nasenloch und atme durch dieses 4 Sekunden lang wieder aus. Hole durch dein rechtes Nasenloch Luft, halte die Luft an und atme durch dein linkes wieder aus. Wiederhole das Ganze ungefähr 5- bis 10-mal.

TANZ dich frei

Tanzen ist Bewegung. Tanzen macht Spaß. Tanzen hilft deinem Körper dabei, Stresshormone abzubauen. Lege zwischendurch also immer mal wieder kurze Tanzpausen ein. Steh von deinem Schreibtisch auf, setze die Kopfhörer auf, drehe dein Lieblingslied auf und schüttle dich mal so richtig durch. Mach dir keine Gedanken um irgendwelche Schrittfolgen, sondern lausche der Musik und lass dich von ihr leiten.

Baue, wenn möglich, eine Woche lang kleine Tanzpausen in deinen Arbeitsalltag ein.

Bildnachweis Cover und Innenteil: Shutterstock.com.

Cover und Layout: Vanessa Urban
Satz: Petra Schmidt Grafik Design
Gesamtherstellung: Printfactory, Istanbul

Jede Woche etwas Neues wagen – 50 Impulse für mehr Zeit für mich
GTIN 978-3-8485-0296-7
© 2024 Groh Verlag. Ein Imprint der Verlagsgruppe
Droemer Knaur GmbH & Co. KG, München
www.groh.de

1 2 3 4 5